André. GIRODIE

Les Musées

d'Artistes Français

dans leurs Provinces

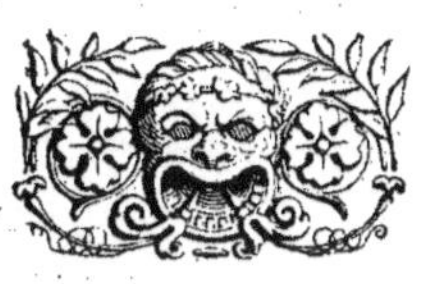

MOUTIERS

IMPRIMERIE F. DUCLOZ

—

MCMIII

LES MUSÉES D'ARTISTES FRANÇAIS

DANS LEURS PROVINCES

André GIRODIE

Les Musées
d'Artistes Français
dans leurs Provinces

Extrait des Notes d'Art et d'Archéologie

MOUTIERS

IMPRIMERIE F. DUCLOZ

—

MCMIII

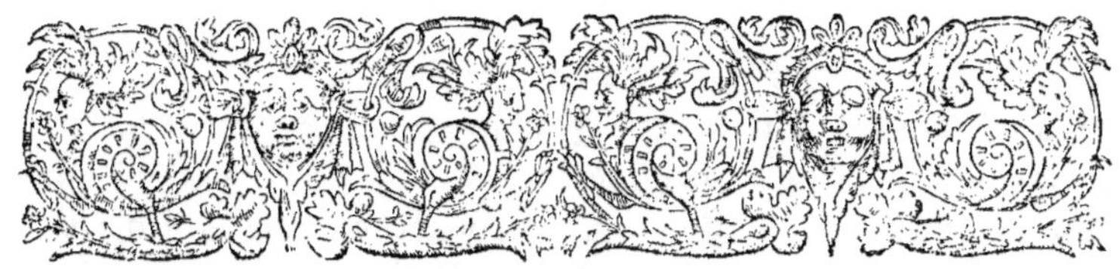

LES

MUSÉES D'ARTISTES FRANÇAIS

DANS LEURS PROVINCES

A récente inauguration du Musée Daniel Dupuis, à Blois, et l'acception du Musée Gustave Moreau à Paris, remettent en évidence la question trop négligée des *Musées d'Artistes français*.

A Blois, en termes fort éloquents, M. le Directeur des Beaux-Arts souhaita que d'autres villes de France eussent la bonne fortune de recueillir l'œuvre complet de leurs enfants. Peut-être, l'éminent fonctionnaire songeait-il au rôle que doivent jouer ces sortes de Musées dans l'éducation artistique de l'avenir, à l'organisation toute spéciale qu'ils nécessiteraient et, par suite, à une nouvelle position du problème muséographique rattaché enfin à l'ethnographie? En vérité, ce n'est pas de bonne fortune qu'il s'agit, mais très nettement d'un devoir nouveau aussi utile à nos provinces que le respect de ses vivants et de ses morts, l'assainissement des villes, l'entretien des routes, la protection des paysages, toutes questions à l'ordre du jour.

Depuis les événements de 1870, en vertu du discrédit qui tomba sur la gloire militaire, l'artiste et son prestige ont escaladé les degrés du Panthéon mystique que tout français porte en son cœur. La hiérarchie des Salons, des médailles, des croix ; les schismes retentissants du Champ-de-Mars, des Champs-Élysées, des Indépendants, des Expositions collectives ou individuelles contribuèrent largement à faire de l'artiste cette manière d'archétype qui nous est cher. Si l'on ajoute à cela l'orgueil local, le patriotisme de clocher, l'origine souvent rurale d'un grand nombre de peintres et de sculpteurs, on conçoit combien il est facile, pour un fils d'agriculteur devenu membre de l'Institut, de se créer une légende identique à celle de tel garçon de ferme, fait maréchal de France et duc, sous le Premier Empire. Or, étant donné le héros et sa légende toute de labeur quotidien, l'obligation du culte s'impose et, par le seul fait, celle d'un temple uniquement consacré à l'artiste ou aux artistes d'une province. Il n'en est pas d'autre que le Musée.

.·.

Hélas ! tel qu'il existe, en Province, le Musée est illusoire. Si ses lacunes nous donnent une fausse notion de l'art en général ; son organisation nous défie de comprendre le rôle de l'artiste français. Au point de vue social, hâtons-nous de dire qu'il est l'inutile instrument d'éducation et l'argument ethnographique qu'il convient d'écarter de toute discussion.

Nés des conquêtes de la Révolution et de l'Empire, grandis selon les hasards d'achats aux Salons, d'envois de l'État ou de legs d'amateurs, les Musées de Province sont un modèle de vétusté flagrante. En chacun d'eux, il s'agit surtout d'exhiber le fruit de bonnes grâces de tel ou tel gouvernement, de tels ou tels personnages, de telles ou telles Sociétés, durant le XIXᵉ siècle. A l'heure actuelle, il n'en existe que trois qui soient vraiment dignes d'attention : le *Musée de Picardie*, le *Musée Lorrain*, et le *Musée Arlaton* qui, à Amiens, à Nancy et à Arles, synthésent à merveille l'esprit des provinces du Nord, de l'Est et du Midi de la France. Encore, le seul *Musée de Picardie* parait-il le plus complet et le moins fermé aux manifestations qui ne relèvent pas directement du domaine de l'archéologie.

Certes, il semble étrange de souhaiter aux Musées de Province une autre forme de l'amour des Beaux-Arts que le tohu-bohu des maîtres et des Écoles. C'est vouloir battre en brèche mille préjugés qui veulent qu'en France l'œuvre d'art soit avant tout *nationale* aux dépens de la province qui peut en revendiquer l'instigation.

C'est surtout rêver d'imposer à l'artiste un rôle social auquel il ne songe jamais ou très rarement et exiger de lui une action régionale qui l'importune et qui lui pèse. Mais, quelques remarques nous seront peut-être pardonnées par ceux-là qui connaissent les rigoureux jugements de Quatremère de Quincy sur le transfert. en France, d'œuvres conçues pour l'Italie. les Flandres, la Hollande, l'Allemagne et l'Espagne, à l'époque de nos conquêtes.

Que les Commissaires du Gouvernement français à la recherche des objets des sciences et d'art. sous la Révolution ou sous l'Empire, aient fait strictement leur besogne, passe encore. Que le rapport du 14 fructidor, an VIII, du Ministre de l'Intérieur Chaptal au Premier Consul ait décidé la création des Musées de Province et formé quinze grands dépôts de tableaux (1), nous l'acceptons toujours. Bien qu'un *dépôt* n'ait rien à faire avec la question de pédagogie artistique, on ne peut que louer un législateur qui prononce ces paroles : « *l'habitant des départements a aussi une part sacrée dans la distribution du fruit de nos conquêtes et dans l'héritage des œuvres des artistes français.* » En 1800, les deux vœux se justifiaient; le deuxième seul peut l'être encore en 1900. Hélas ! il est avéré que la distribution de ces richesses, à nos yeux de modernes, fut saugrenue, faite sans discernement par des fonctionnaires fort versés peut-être dans l'esthétique, mais pour lesquels les besoins de nos provinces, leur tempérament, l'éducation de leur vision étaient lettres mortes. Convenons-en, ce n'était point à l'éducation des artistes futurs que se vouaient ces dépôts, mais aux mânes des soldats morts pour la défense du sol français ou l'ambition de l'Empire. Étrange destinée! Comme beaucoup d'autres organisations. à cette époque, les Musées de Province furent votifs plus que pédagogiques : ils le sont encore malheureusement! De plus, pour comble de malheur. on croyait alors à l'efficacité de la subdivision départementale: nul ne se serait avisé.

(1) Lyon, Bordeaux, Strasbourg, Bruxelles, Marseille. Rouen. Nantes, Dijon, Toulouse. Genève. Caen. Lille. Mayence. Rennes et Nancy.

comme nous le faisons aujourd'hui, de reconstituer, par la pensée, le régime si logique des provinces et d'y suivre la courbe mathématique d'un art avec ses techniques et ses fluctuations.

.·.

Rien ne fut plus étrange que la distribution des 846 œuvres visées par l'arrêté du 14 fructidor, an VIII, en son article 2. Quatre sources devaient être mises à contribution : l'ancienne collection royale commencée par François Ier et continuée jusqu'à Louis XIV; les prix de l'Académie suspendus à ses murs depuis 1649 et revenus à l'État par le décret de 1793; les tableaux des églises et des couvents de Paris; enfin les tableaux dont nos conquêtes nous avaient rendus possesseurs (1). Le tout formait une série d'œuvres qui se décomposaient ainsi : École florentine (20); École romaine (48); École vénitienne (69); Écoles lombarde et bolonaise (70); Écoles génoise et napolitaine (23); École flamande (194); École allemande (17); École hollandaise (23); École française (192); Prix de l'Académie (16) et Inconnus (144). Sans plus tarder, on fit le partage de telle façon qu'un enthousiaste écrivain d'art a pu dire que, si le Louvre périssait aujourd'hui, on en retrouverait un second dans les provinces. L'impossible désaffectation du Pavillon de Flore et de ses dépendances rend cette affirmation assez consolante.

Le 15 février 1811, Napoléon offrit 108 tableaux aux grandes églises de Paris et en répartit 200 entre Lyon, Dijon, Grenoble, Bruxelles, Caen et Toulouse. Plus tard, le 11 juillet 1862, à la suite de l'acquisition Campana, Napoléon III répartit encore, entre soixante-sept villes de France divisées en trois catégories, un lot de 308 tableaux dûment expurgés de leurs chefs-d'œuvre par le Musée du Louvre. Enfin, le 26 mars 1869, un nouveau décret ordonnait la distribution des tableaux et objets d'art qui faisaient partie de la dotation de la couronne : tableaux, statues, bas-reliefs, vases, bronzes, émaux, etc., etc., que la Commission des Musées Impériaux estima se monter à 3.000.

(1) Clément de Ris, Les Musées de Provinces.

Ces 4500 tableaux et objets d'art distribués aux municipalités produisirent un effet déplorable. L'éclectisme bizarre des Musées de Province, chatouillés dans leur amour-propre, prit un remarquable essor : on acheta, à tort et à travers, de la peinture et de la sculpture ; on fit des catalogues où l'original d'attribution singulière se mêlait à la copie ; on accrocha des toiles autant que les murailles en pouvaient contenir, sans autre classement que le rang de taille, avec l'espoir toujours inaltérable d'un envoi de l'État ou d'un legs de l'une des nombreuses Sociétés d'Amis des Arts qui régentent pompeusement le goût français. Ce fut et c'est encore le règne du parti-pris de la symétrie ou de l'harmonie substituée à la logique qui doit régner dans un Musée.

Lors de leur passage aux Beaux-Arts, la plupart des Directeurs agrémentèrent d'une idée personnelle l'erreur de l'entourage de Napoléon Ier : distribuer des œuvres d'art à toute ville de France *dans le but d'y attirer des visiteurs !* Tel fut M. de Chennevières et son *Inventaire général des richesses d'art de la France*, tels furent d'autres. Du classement logique de ces œuvres, de l'usage qu'en devaient faire les jeunes artistes, des lacunes, des termes de comparaison nécessaires à tous groupements de résultats intellectuels, de la supériorité ou de l'infériorité de l'art français aux époques où prospérait un autre art, point ou fort peu ne fut question. A peine Charles Blanc, avec son *Musée des Copies* et M. de Chennevières, avec sa *Réunion annuelle des délégués des Sociétés artistiques des Départements* plaidèrent-ils la cause de l'art provincial. Le résultat, aujourd'hui, est que tout lauréat d'une École des Beaux-Arts de province débarque à Paris plus vierge d'érudition esthétique que le *Candide* de Voltaire. Il n'a pu débrouiller le galimatias de son Musée, quant aux maîtres anciens ; il ignore qu'il existe d'autres peintres français que David, Ingres et Delacroix. Bercé par la vanité de son entourage, les yeux tournés vers Rome et la Villa Médicis, il rougit même des types et des paysages qui ont déterminé sa vocation.

Est-il peintre ? A peine connaît-il, par les discours que lui en ont tenus ses maîtres, deux ou trois artistes du XVIe siècle italien, et tant soit peu Rubens, Dürer et les hollandais. Sa connaissance de l'art français débute au XVIIIe siècle : encore faut-il éviter de lui demander autre chose que les phrases toutes faites sur Watteau, Boucher et Greuze? Est-il sculpteur? Rien de notre beau xiiie siècle ne l'a touché et il ignore les qualités plastiques du type dont il sort. Ainsi le veut l'éclectisme de nos provinces, cette loi sacro-sainte de l'universalité superficielle qui régit le goût à notre époque et dont la médiocrité est le résultat.

Sommes-nous assez loin du Musée créé, à Oxford, en 1872, par John Ruskin? Avons-nous fait tout ce qui serait utile pour déterminer une forte génération artistique en France? N'est-il point vrai que l'art français officiel d'aujourd'hui n'est strictement que le produit de quelques ateliers de maîtres, vieillis dans la routine, dont les fidèles sont davantage soucieux de succès immédiat, de prix et de médailles que d'originalité individuelle? L'absence de logique dans le choix des documents, la singularité des Musées de Province, l'étroitesse de l'enseignement artistique local ne sont-ils pas autant de causes de notre infériorité? Ne devons-nous pas avouer qu'en France, le Musée est trop considéré comme un but de promenade, une sorte de square chauffé, alors qu'il ne devrait être qu'un instrument de travail?

.·.

Certes, s'il est une chose impossible, c'est le remaniement des Musées de Province : mieux vaudrait songer à leur fermeture. Tout chef-lieu de département ne dispose pas d'un budget et de serviteurs susceptibles d'opérer l'aménagement admirable, par petites salles, que le Musée du Louvre se décide à adopter. De plus, quel conservateur consentirait, au nom de la logique, à l'aveu de sa pauvreté en flamands, en hollandais ou en vénitiens? Quel autre ferait abnégation de son *Salon carré* orné de trente toiles, orgueil de la Cité? Quel Directeur des Beaux-Arts, en fin de comptes, oserait décréter que l'ordre des choses veut : 1° que l'élève d'une École des Beaux-Arts prenne conscience de sa vocation au contact des artistes et des types de son département sans aucun autre modèle ; 2° qu'il vienne à Paris comparer ces artistes aux maîtres de l'art ancien ; 3° qu'il aille, à l'étranger, étudier sur place l'œuvre de celui de ces maîtres pour lequel son œil aura le plus de sympathies.

Au point de vue pédagogique, ne conviendrait-il pas de classer les œuvres d'art que possède la France en quatre catégories officiellement distinctes : Art ancien étranger (*Le Musée du Louvre* ; art moderne étranger (*le Musée du Luxembourg* ; art ancien et art moderne français (*les Musées de chaque province*, d'après l'origine ou les affinités de chaque artiste ? Dans ce but, le Musée du Louvre céderait aux Musées de Province les œuvres des maîtres français qu'il possède ; il recevrait en échange toutes les œuvres d'art ancien étranger éparses dans ces Musées. Il en serait de même pour le Musée du Luxembourg dont le contingent, à l'exception des œuvres d'art étranger moderne, serait dirigé sur le Musée municipal du Petit Palais. pour les artistes originaires ou auteurs d'œuvres ayant trait à Paris, et sur les Musées de Province, suivant une règle identique. Élargissant la section de peintres étrangers modernes qu'il contient déjà. le Musée du Luxembourg deviendrait ainsi, pour la comparaison, l'un des plus précieux stimulants à l'originalité qui souvent nous fait défaut.

Ainsi, hors de Paris. nous n'aurions peut-être plus les éléments constitutifs d'un second Louvre, — si tant est que l'assertion du critique supporte l'enquête ! — mais, ce qui vaudrait mieux, une série de musées flamands, picards, normands, champenois, lorrains. alsaciens, franc-comtois, bourguignons. lyonnais. dauphinois. savoyards, provençaux, languedociens, gascons, béarnais, saintongeois, poitevins. bretons, tourangeaux, berrichons, auvergnats, limousins, etc., etc.

Un tel souhait, aussi utopique qu'il paraisse. peut se réclamer des dernières tentatives de groupement d'œuvres d'art ancien et moderne français. Qui de nous, par exemple, devant la masse de sujets d'études rassemblés aux Petit et Grand Palais, en 1900, ne s'est pas étonné de la viduité fastidieuse du résultat ? Après les récentes enquêtes sur certaines Écoles de statuaires français : Michel Colombe, les Champenois du xvi° siècle. Ligier Richier, n'avons-nous pas quelques raisons de songer combien nos Expositions rétrospective, centennale et décennale de l'Art français eussent gagnées à un classement par province, et quel profit en eut tiré la future intellectualité artistique de notre pays ?

.·.

S'il est un jeu difficile, fatigant, dispendieux, avouons que c'est bien celui d'amateur d'art ancien en France. Nul échiquier ne contint jamais autant de pièces et d'un maniement aussi subtil. 280 musées, divisés en quatre classes, recèlent tous un ou plusieurs des éléments constitutifs de notre trésor artistique. Quand on a sacrifié plusieurs années à les visiter, on connaît à peine la valeur de ce trésor, mais on sait, par contre, à quel point peut aller la fantaisie personnelle dès qu'une discipline ne la contrarie pas. J'en prends à témoin ceux que l'étude d'une époque ou d'un groupe d'artistes, engagea dans ce dédale inextricable où tout est vanité, galimatias, emphase, gloriole de clocher ou de conservateur.

En réalité, organiser le Musée du Louvre fut bien, le remanier est très bien, mais le compléter serait encore mieux.

Que fait, à Besançon, la *Déposition de Croix*, de Bronzino alors que notre Musée National n'en possède que trois toiles assez médiocres? Devrions-nous séparer l'*Alphonse de Ferrare* et le *François Ier*, du Louvre, de cet admirable *Perrenot de Granvelle*, du Titien, qui végète dans la même ville? N'est-il pas indigne de laisser moisir, dans l'humidité d'un dessus de porte de sacristie, à la cathédrale Saint-Jean de Besançon, le *Martyre de saint Sébastien*, de Fra Bartolomeo dont nous ne possédons, au Louvre, que deux pauvres sujets? Des quatre Pérugins que nous avons, au Louvre, lequel est plus instructif que le *Mariage de la Vierge*, du Musée de Caen? Ici, nous n'offrons aux artistes que la fadeur d'une *Sainte Famille* dont il existe des répétitions à Vienne et à Florence; à Caen, le *Sposalizzio* représente l'un des plus curieux problèmes de l'art italien de la Renaissance : Raphaël a-t-il ou non plagié son maître en son *Mariage de la Vierge*, du Bréra? Où commence et où finit le respect d'un art qui berça les débuts de l'élève devenu lui-même un maître? Avec le *saint Sébastien*, de Grenoble : la prédelle, de Rouen ; la *Vierge avec l'Enfant Jésus, saint Jérôme et saint Augustin*, de Bordeaux ; les figures de saints éparses à Toulouse, à Nantes, à Marseille et à Nancy, quelle belle salle ne formerait-on pas du maître de Raphaël et que de profits en

tireraient les futurs prix de Rome livrés à l'étude du maître avant
même d'en connaître les origines !

Un des artistes le plus en vue de la décoration moderne,
M. Albert Maignan, constatait naguère avec amertume combien
« notre éducation moderne, passablement routinière, nous a peu
préparés à ces travaux qui, pour les Italiens des xvii⁰ et xviii⁰ siècles, étaient presque journaliers ₁ ». Où trouver ces maîtres?
Tiepolo est mal représenté au Louvre, mais l'*Eliezer et Rebecca*,
de Bordeaux, et les deux toiles de Caen et de Rouen ont une
valeur très significative. Qui les ira dénicher en ces villes loin-
taines? Où sont Tiepoletto et les petits maîtres de l'art vénitien?
Et quel éparpillement de Rubens, à Lille, à Lyon, à Valenciennes,
à Grenoble! Van Dyck est aussi vagabond. Jordaens voit son *Christ
en Croix*, merveille de composition, reçu du Gouvernement, en
1803, par la ville de Bordeaux, relégué dans la cathédrale de
Saint-André, depuis 1817, à cause de l'opinion qu'il inspirait *a
quelques personnes influentes!* Il y meurt. Qui acceptera jamais, à
Lille, les *Études de vaches* de ce maître, dont le Louvre ne
possède de précieux que le *Roi boit* et le *Ruyter?*

On pourrait multiplier les citations, rêver une place plus digne
pour le rétable de Rogier Van der Weyden, de l'Hôtel-Dieu de
Beaune ou pour l'*Annonciation*, de Melchior Broederlam, de
Dijon. Considérant la misère de l'École espagnole, au Louvre,
on trouverait, à Lille, deux toiles de Goya : *Jeunes* et *Vieilles*
qui compléteraient largement l'effet de notre *Guillemardet* et de
notre *Jeune femme espagnole*, sans oublier le *saint François*, de
l'admirable Greco, du Musée de la même ville.

.·.

En définitive, que fait-on pour stimuler l'activité de l'artiste?
Est-ce l'exposition posthume de son œuvre qui suffit à perpétuer
en d'autres âges le souvenir de ses efforts? Qu'est-il resté de celles
de Paul Delaroche, d'Hippolyte Flandrin, d'Ary Scheffer, d'Eugène
Delacroix, de Bastien-Lepage, de Millet, de Falguière et de tant
d'autres? Ironie du sort, qui liquide, en dix jours de bavardages,

---

(1) Les peintures de la coupole de l'église de la rue Jean Goujon. (Paris 1901).

le labeur de trente années. Ironie plus grande qui veut qu'une province élève la statue de l'artiste sans songer à réunir ses œuvres : toiles, esquisses et dessins, en ces Musées municipaux où trônent un Ostade de quinzième ordre et une attribution à Périno del Vaga. Que nous veulent-elles ces statues : Claude Gellée, à Nancy ; Français, à Plombières ; Bastien-Lepage, à Damvillers ; Millet, à Cherbourg ; Decamps, à Fontainebleau et Delacroix, en fontaine, à Paris ? Sommes-nous encore à l'époque napoléonienne durant laquelle tout convergeait vers la glorification d'un geste ou d'une attitude ? Hier encore, la municipalité de Saint-Mihiel ne prétendait-elle pas en élever une à notre grand sculpteur lorrain Ligier Richier dont on ne connait même pas les traits ? N'a-t-il pas été urgent de se récrier pour démolir ce projet et le transformer en un vœu de Musée de moulage des œuvres de l'artiste ?

Il est grand temps de généraliser ces tentatives et d'introduire le Musée d'artistes locaux dans les Musées municipaux, en attendant toute autre réforme. Déjà nous avons le *Musée Wicar*, de Lille ; le *Musée Fabre*, de Montpellier ; le *Musée Carpeaux*, de Valenciennes ; le *Musée David d'Angers*, d'Angers ; le *Musée Simart, Dubois et Boucher*, de Troyes ; le *Musée Rude, Jouffroy et Ramey* auxquels s'ajoutent les précieux vestiges de Claus Sluter, de Jean de Marville et des statuaires du XVe siècle, de Dijon ; la *Galerie des peintres lyonnais*, de Lyon ; le *Musée Ingres*, de Montauban ; le *Musée de la Tour*, de Saint-Quentin ; la *Galerie des peintres toulousains*, de Toulouse où nous souhaitons bientôt voir prendre place le *Musée Falguière*. Il n'est pas jusqu'à la petite commune de Mée, près Melun, qui n'ait son *Musée Henri Chapu*.

L'impulsion est donnée ; plaise à Dieu qu'elle n'en reste pas là ! Depuis quelques années, les envois de l'État aux Musées de Province et les achats des Amis des Arts semblent s'attacher davantage à l'encouragement du mouvement régional. On sent que diminue la routine de nos ancêtres au discrédit qui tombe sur les legs de collections archéologiques peu susceptibles de contribuer à la formation d'un Musée d'ethnographie. Qu'on le veuille ou non, les amateurs de faïences, de broderies, d'ivoires et de bois sculptés réunis dans un but de satisfaction personnelle devront

laisser les salles des Musées à des groupements plus utiles. La
patience fortunée cédera le pas au génie, l'art de discerner les styles
s'évanouira devant le besoin d'en créer de nouveaux aussi multi-
ples, aussi distincts que ceux qui caractérisaient jadis chacune de
ces provinces. A Bâle. les *Musées Holbein et Arnold Boecklin*;
à Copenhague. le *Musée Thorwaldsen*; à Helsingfors, l'*Ateneum*
des peintres finlandais; à Mulhouse surtout, au Musée de la Société
Industrielle, le Musée d'artistes locaux adhère à la question ethni-
que, s'y soude étroitement et synthétise le vœu secret d'une foule
d'industriels et de financiers. C'est la pièce essentielle du blason
d'une race, il va du xvi⁰ au xx⁰ siècle, nul ne peut y toucher sans
blesser ceux qui le défendent, et nul n'y touche!

⁂

Nous avons fort à faire avant d'en arriver là! Le bruit qui
s'est fait, à Plombières, lors de l'érection de la statue du paysagiste
vosgien Français aurait dû saluer l'inauguration du Musée de toiles
que ses héritiers ont légué à la ville. Il convient d'y songer sérieu-
rieusement et de ne point laisser aux municipalités seules le soin
qui leur répugne d'installer un peu de logique dans leurs Musées.

A Besançon, grâce à l'initiative de M. Paul Lapret, un catalogue vient enfin d'être publié, énumérant les toiles que Jean Gigoux
avait léguées à sa ville natale et qui, du Palais Granvelle où
longtemps les dessins végétèrent, ont conquis péniblement une
salle de Musée municipal. Ce n'est pas sans une pointe d'hu-
mour que je songe au peu de sympathie que ce *Musée Jean
Gigoux* semblait inspirer, lors de ma visite, à l'honorable gardien
chargé de surveiller les visiteurs. Après que j'eus épuisé toute la
série des attributions et des copies de chefs-d'œuvres ou présumés
tels, entre lesquelles le catalogue, par une délicatesse toute bison-
tine, n'établit que la différence de « *grandes capitales et de minus-
cules grasses* », l'employé voulut bien me proposer une dernière
salle que « *je pourrais visiter si j'avais le temps* » (sic : c'était le
Musée Jean Gigoux. Il ne contenait tout simplement, en sus de
dix toiles du maître, que neuf études de Géricault dont la pre-
mière esquisse du *Radeau de la Méduse* et un magnifique *Cavalier*

renversé par un éclat d'obus ; un *portrait* d'Ingres ; un *Intérieur* et une *Marine*, de Decamps ; le *Puits Noir*, de Courbet ; trois *portraits*, de Louis David : pour l'École française moderne. Une *tête de jeune homme*, de Masaccio ; un *Christ au tombeau*, du Sodoma ; cinq *études* du rarissime Giorgione ; une *Vierge de douleur*, un *saint Christophe*, un *portrait du duc de Ferrare*, du Titien, cinq *portraits* et un *Baptême du Christ*, du Tintoret, y représentaient aussi l'art italien. Quatre panneaux de Lucas Cranach, dont une *Lucrèce*, demi-nature ; une *Jeune femme*, de Van Schorel et un *Portrait d'homme*, d'Aldegraver y témoignaient en faveur de l'École haute allemande. Deux grands paysages de Constable ; un *Lac bleu*, de Turner ; un *Soleil couchant*, de Gainsborough ; trois Hogarth ; un *Intérieur de forge*, de Wilkie ; un *Portrait du duc de Richelieu* et un *Portrait de la duchesse de Sussex*, de Lawrence y résumaient à merveille l'École anglaise. Il y avait encore deux Murillo (*Un Jésuite* et un *saint Jean*), une *Fuite en Egypte*, de Zurbaran, quatre Ribera, un Herréra et quatre Goya, pour l'École espagnole ; deux Metzis, dont la tête de saint Jean, de la *Descente de Croix*, d'Anvers ; un carton de tapisserie, un *Lion accroupi*, de Rubens ; une belle suite de Jordaens ; une *Petite fille*, de Govaert Flinck ; trois études de Snyders et nombre d'autres toiles qui, avec le portrait de Jean Gigoux, par Bonnat, et son buste par Dalou, formaient l'un des plus admirables instruments de travail que puissent trouver, en province, les élèves d'une École des Beaux-Arts.

C'est la même pensée qui a guidé, de son vivant, pour le *Musée Bonnat*, de Bayonne, notre illustre peintre français. S'il est salutaire d'éloigner la jeunesse du faux électisme des Musées municipaux, il convient que l'artiste local qui doit lui servir de modèle apparaisse avec tous les éléments constitutifs de son génie. La secrète cuisine de l'inspiration et du métier, dès qu'elle est accompagnée d'exemples, éloigne du débutant toute idée néfaste. Si Jean Gigoux fut un dilletante, Léon Bonnat est un technicien : une visite à leurs Musées respectifs démontre aisément cette différence. A Besançon, c'est le nombre des toiles de maîtres acquises selon le hasard des ventes ; à Bayonne, c'est leur choix d'après les besoins d'une cause. Des sculptures, des bronzes, des terres cuites et des figurines des arts grec, étrusque et pompéens, nous atteignons la Renaissance italienne qui est pauvre en œuvres peintes et paraît ne s'attacher qu'à deux œuvres de l'École siennoise.

Par contre, l'École espagnole contient des morceaux de choix, tels que le *San José de Calasanz*, de Goya ; le *portrait d'un cardinal* et le *duc de Benavente*, du Greco, un Ribéra et un curieux *Daniel dans la fosse*, de Murillo, très noir, de l'époque où le tourmentait la technique de l'Espagnolet. Deux *Têtes de femme*, d'Hoppner et Lawrence avec un portrait de Reynolds *Le colonel Tarleton*, représentent l'École anglaise. Deux esquisses pour une *Élévation de Croix*, de Van Dyck, un sujet mythologique pour un plafond et trois esquisses de Rubens montrent l'écart de la vision décorative entre les flamands du XVII siècle et les vénitiens de la même époque : Tiepolo, par exemple, dont le *Musée Bonnat* contient une esquisse de plafond. Enfin quatre Rembrandt, dont une *Tête de vieillard* et un *Intérieur de cave*, expliquent l'alchimie des pâtes sombres chères au légateur. L'École française est plus explicite encore. C'est la *Nymphe* du Poussin et la *Cérès*, de Prud'hon ; l'esquisse des *Horaces* et deux portraits de *Napoléon I* et de *Ducros*, de Louis David, voisins de sept études de Géricault, aussi belles que celles du *Musée Jean Gigoux*. C'est encore, parmi les sept esquisses d'Ingres, la *Baigneuse en buste, vue de dos* que l'on vit à l'Exposition centennale de 1900 et qui, avec les toiles rissolées de Tassaert, de Troyon, de Diaz de la Peña et de Decamps se rattachent aux Greco et aux Rembrandt dont Bonnat réunit admirablement les qualités. Quand au portrait, peint par Carpeaux, à l'étude peinte, de Barye et aux deux pochades de Degas, il n'y faut voir que des témoignages de la curiosité du maître.

Avant tout, Bonnat paraît avoir voulu démontrer au tempérament méridional la nécessité des études classiques et quelle base solide elles offrent à ceux des artistes qui tourmenteraient à l'envi les luminosités souvent excessives des types et des paysages locaux. Se souvenant de ce que devait l'École espagnole à l'Italie, il prêche d'exemple et, avec le goût très pur que lui apprit le collectionneur His de la Salle, il a réuni autour de ses propres toiles une collection de dessins de maîtres anciens qui, elle aussi, pour citer le mot du même collectionneur, à propos de ses legs au Musée du Louvre et à l'École Nationale des Beaux-Arts, résume l'art de la

Renaissance à nos jours. A Florence, l'*Homme nu*, de Brandinelli, les deux dessins de Fra Bartolommeo, la *Vierge et l'Enfant Jésus*, de Sandro Botticelli, l'*Adam et Ève* pour la Chapelle Sixtine, de Michel-Ange; les quatre croquis de la *Vierge au chat*, de Léonard de Vinci, les deux Lorenzo di Credi et Ghirlandajo, l'*Évêque* de Maître Roux, le Rosso qui nous touche de près. A Vérone, l'étude de *Crucifixion*, du vieil Altichiero da Zevio; le magnifique feuillet d'études de Vittore Pisano. A Bologne, avec un Guerchin et une étude de *Femmes au bain*, d'Annibale Carrache, les *Naïades et Tritons*, du Primatice, le sauveur de notre art au xvie siècle. A Venise, la *Circoncision*, du Giorgione; la fraîche sanguine de Giovanni Bellini; le *Christ* et l'*Évêque*, dessins à la pierre noire, de Paul Véronèse; l'étude de nu, d'après Jean de Bologne, du Tintoret; le *Paysage* et l'*Hercule*, du Titien et les *Galères* d'un oublié, Battista Franco, décorateur de majoliques. D'autres encore seraient à citer, le *Triton* du padouan Mantegna; les groupes du Parmesan et la sanguine du Corrège; enfin, deux perles rares, l'*Homme nu* et la tête du saint Joseph, de la *Sainte Famille*, du Musée du Louvre, de Raphaël. A l'Ecole flamande, le dessin à la pierre noire du *Portrait d'Antoine Cornelissen*, qui fut gravé à l'eau-forte par Van Dyck; un *Berger et Mercure* avec une somptueuse *Salomé*, de Rubens. A l'Ecole hollandaise dont les dessins sont rares, une *Vieille femme*, de Gérard Dow et un *Homme à genoux*, de Rembrandt, à la plume lavé de sépia, de beaucoup supérieur aux dessins légués récemment par M. Bonnat à l'Ecole Nationale des Beaux-Arts. A l'Ecole allemande, que seul il représente, un *Homme en buste*, d'Albert Dürer, signé du monogramme et daté de 1518.

L'Ecole française y est des plus complète du xve siècle à notre époque. Le xve siècle contient une *Etude de Vierge*, à la plume et à la sanguine, attribuée à l'Ecole bourguignonne; le xvie siècle est représenté par un *Portrait de Madame de Lorraine*, crayon noir relevé à la sanguine avec du pastel dans les yeux. Le xviie siècle s'ouvre avec une *Tête d'homme*, de David de Monstier; un *Paysage* traversé par une rivière et animé par des personnages avec un groupe d'hommes au revers caractérise l'art de Claude Gellée. Avec le *Colporteur*, de Watteau, les dessins à la pierre noire relevés de sanguine du xviiᵉ siècle français font leur apparition : une *Femme assise* de Lancret et deux études de femmes nues de Boucher s'y rattachent. Des débuts du xixᵉ siècle, nous avons un *Bonaparte premier consul*, du statuaire Chaudet et une étude de femme, mise en carreau par Louis David pour le *Serment des Horaces*. De Prudhon, treize études, dessins et académies, parmi lesquelles un document pour la *Famille malheureuse* et l'une des figures de la *Justice et la Vengeance divines poursuivant le crime*, du Musée du Louvre ; à la période romantique, moins nourrie que dans le *Musée Jean Gigoux*, appartiennent huit dessins de Delacroix : deux lions, un tigre et un cheval, une mélancolique aquarelle : *Paysage d'automne* et trois études pour la *Mort de Sardanapale*, la *Médée* et le plafond de la Galerie d'Apollon, au Musée du Louvre. La *Sortie de l'école turque*, cette mystérieuse sépia et un *Paysage animé par des troupeaux*, de Decamps, une *Scène biblique*, de Marilliat, dessin sur toile à la plume, à la sanguine, à la sépia avec de l'aquarelle et du vernis, représentent l'orientalisme en ce qu'il y a de plus étrange ; Tassaert, artiste infortuné et que l'on ne saurait trop remettre en valeur, est là avec quatre têtes de femmes d'un saisissant relief ; Charlet et Raffet ont trois dessins fort beaux : la *Bénédiction du mourant* et la *Revue*, datée de 1842. Trois Brascassat et douze aquarelles de Barye disent la ferveur que l'auteur de l'*Aigle liant un lapin* a toujours témoignée aux animaliers. Il en est de même des paysagistes Daubigny, Huet, Rousseau, Troyon, Dupré et Corot.

Mais l'attrait tout spécial des dessins du *Musée Bonnat* est l'inestimable série de dessins de Géricault et d'Ingres qu'il possède. L'intégrité professorale du maître s'en éclaire : par les néo-classiques, il se rattache au xviᵉ siècle italien et, par l'ancêtre du Romantisme, il assume une part des plus grandes dans la liberté picturale d'aujourd'hui. En ces deux ferveurs réside le secret de la dualité de facture qui, par intervalles, s'est manifestée dans son œuvre. Artiste complexe, ouvert à tous les vents, avisé sur toutes les manifestations, archéologue et voyageur, Léon Bonnat ne laissera de lui qu'une effigie vraiment ressemblante : son Musée. A l'étude de Géricault, la part d'énergie de son *Martyre de saint Denis*, du Panthéon : ainsi apparaît-elle dans le *Supplicié*, cette aquarelle de

Géricault qui s'enlève parmi les sept dessins qu'en possède le *Musée Bonnat*. A l'influence d'Ingres, le trait décis, la scrupuleuse exactitude de toutes ses toiles : huit portraits d'Ingres, à la mine de plomb, célèbres à juste titre et que l'on prendrait pour des Léoni, aident à cette comparaison, deux études pour la *Sainte Adelaïde*, des vitraux de Saint-Ferdinand-des-Ternes s'y ajoutent. L'une est drapée, l'autre qui est nue évoque la *Source*, du Musée du Louvre. Enfin, diverses études de Chassériau, de Flandrin, d'Élie Delaunay, de Paul Baudry et la sanguine des *Forgerons*, que Puvis de Chavanes introduisit dans son *Are nutrix Picardia*, du Musée de Picardie, prolongent cette impression.

Il serait trop long et bien inutile, après l'étude que leur a consacré M. Georges Perrot, dans le *Journal des Débats*, de détailler les sculptures anciennes et modernes qui complètent le *Musée Bonnat*. Autour de la *Lutte entre trois hommes nus*, de notre Jean de Bologne et de diverses œuvres florentines du xv⁰ et xvi⁰ siècles, Puget, Falconnet, Pajou, Girardon sont rapprochés de Carpeaux, Chapu, Paul Dubois et de cinquante-neuf bronzes : l'œuvre complet du maître animalier Barye. La visite se termine sur quarante-deux ivoires de travail français des xiii⁰, xiv⁰ et xvii⁰ siècles.

Tel est le legs d'incomparable valeur pédagogique qui, nous semble-t-il, paraît le mieux définir le *Musée d'artiste* ; tel est celui que chacune de nos provinces devrait se flatter d'organiser.

.˙.

Hélas! tout fait croire que, de longtemps, il n'en sera rien. Vainement, on essaiera de battre en brèche l'organisation défectueuse de nos musées municipaux; tous veulent être, à l'instar de de Paris, un petit Louvre, un petit Luxembourg, un petit Cluny et un petit Trocadéro, avec des petites œuvres de grands maîtres. Vainement une récente publication : *Le Musée d'art* s'est-elle évertué à créer un idéal pédagogique admirablement adopté aux exigences de nos jours. Vainement encore, à l'instigation de M. Paul Steck, inspecteur des Musées et de l'Enseignement du Dessin, un autre ouvrage : *l'Art et les Maîtres français* démontrera-t-il bientôt l'utilité de revenir à l'étude de chaque province de France. Nous resterons longtemps, avec d'autres notions et d'autres besoins, pliés sous le joug des débuts du xixe siècle. Oubliant de réorganiser logiquement la question pédagogique, nous diminuerons la valeur du coefficient de dynamique sociale que doit être le Musée de Province. Alors que l'esprit germanique, l'esprit hollandais. l'esprit flamand multiplient leurs triomphes, dans les Musées ou dans des Expositions rétrospectives d'une plus robuste cohésion que les nôtres, nous voici tous vibrants, au Petit Palais, devant la collection Dutuit et le Musée de la Ville de Paris. Que signifient ces tentatives et quel rôle précis vont-elles jouer, en France, en son nom, après le fracas qui se fait autour d'elles ? Très simplement qu'il existe, chez nous, d'avisés collectionneurs désireux d'écouler, en achats d'œuvres d'art, le superflu de leur bien-être : d'où, prospérité du commerce des antiquaires. Et encore ? Que le budget de certaines Municipalités fait merveille : simple rivalité de clocher ! C'est tout. Nous aurons à Paris, deux Musées du Luxembourg, deux Musées de Cluny ; une multitude de Musées du Louvre, dans toute la France, partout où il plaira aux collectionneurs d'installer leurs legs. Un chassé-croisé de centralisation et de décentralisation va mélanger encore plus qu'elles ne le sont les œuvres françaises et les œuvres étrangères, transformant le problème de nos musées en discours d'écolier limousin et rendant impossible l'éducation artistique des élèves des Ecoles des Beaux-Arts. Il ne paraît vraiment pas y avoir là matière à cris d'allégresse ! Pense-t-on que le trésor artistique de la France soit la multitude d'œuvres étrangères qu'elle entasse dans ses Musées ? Au point de vue social, pour la comparaison avec d'autres races, tout ce qui ne sortit pas des mains de la France proprement dite peut-il compter ? De ce que le Louvre est inférieur en sculptures grecques au *British Museum* ou de ce qu'il l'égale en sculptures assyriennes, s'ensuit-il que les arts anciens et modernes français doivent céder le pas aux mêmes arts anglais ? Sont-ce les marbres de lord Elgin ou les tableaux de Turner qui peuvent augmenter la force esthétique de l'Angleterre ? Pouvons-nous, l'un et l'autre, en l'espèce, tabler sur la *Victoire de Samothrace* ou la *Niké*, du Parthénon ? Sont-ce les Watteau. de Potsdam ou les œuvres d'Albert Dürer, qui constituent la gloire de l'Allemagne ? Quelle que soit l'origine (conquête, achat ou dons) de l'œuvre d'art qui figure dans un Musée, n'existe-t-il pas, en tout visiteur, un besoin instinctif de restitution de cette œuvre à son style, à son époque, à sa nationalité? Nous aurons beau négliger la question pédagogique et la réorganisation qu'elle comporte, pour étaler aux yeux des étrangers nos dépouilles opimes et les éblouir, aucun d'eux ne s'y trompera : nos Rembrandt seront en Hollande, nos Goya seront en Espagne, nos Rubens seront en Belgique, nos Albert Dürer seront en Allemagne. Usufruitiers d'un patrimoine qui n'est pas celui de notre race, il ne nous sera tenu compte, dans l'histoire, que des œuvres d'artistes français, des Musées qui les contiendront, des caractères nouveaux qu'ils auront engendré et de l'effort esthétique de chacune de nos provinces.

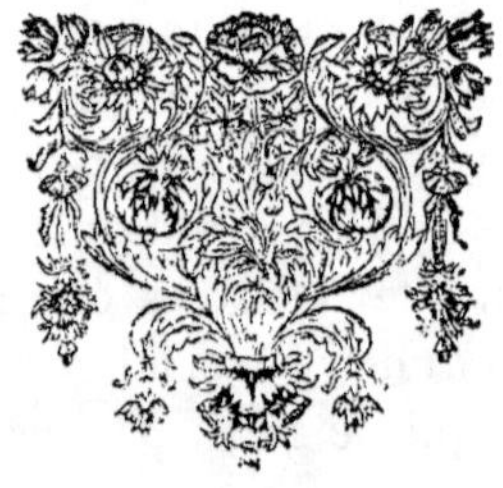

1435-03. — Imprimerie François DUCLOZ. Moûtiers (Savoie)

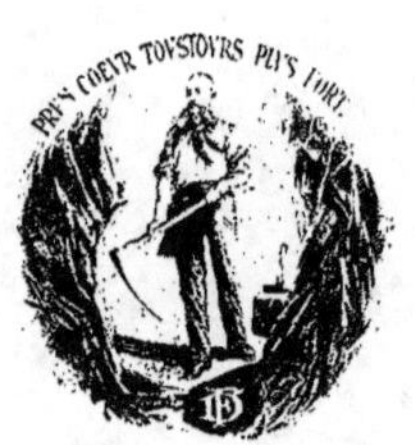